大方廣佛華嚴經 讀誦

2

🪷 일러두기

1. 『독송본 한문·한글역 대방광불화엄경』은 실차난타가 한역(695~699)한 80권 『대방광불화엄경』의 한문 원문과 한글역을 함께 수록한 것이다. 한문에는 음사와 현토를 부기하였다.

2. 원문의 저본은 고종 2년(1865) 월정사에서 인경한 고려대장경 『대방광불화엄경』에 한암 스님이 현토(1949년)한 것을 범룡 스님이 영인 출판(1990년)한 『대방광불화엄경』이다.

3. 한문은 저본에서 누락되었거나 글자가 다르다고 판단된 부분은 저본인 고려대장경 각권의 말미에 교감되어 있는 내용을 중심으로 하고 봉은사판 『대방광불화엄경수소연의초』와 신수대장경 각주에서 밝힌 교감본을 참조하여 보입하고 수정하였다.

4. 한글 번역은 동국역경원에서 발간한 한글 『대방광불화엄경』(운허)을 중심으로 하고 『신화엄경합론』(탄허)과 『대방광불화엄경 강설』(여천무비) 그리고 최근의 여타 번역본 등을 참조하였다.

5. 저본의 원문에서 이체자의 경우 훈글이 제공하는 이체자는 그대로 살리고 훈글이 제공하지 않는 글자는 통용되는 정자로 바꾸었다. 예) 間 → 閒 / 焰 → 燄 / 宮 → 宮 / 稱 → 稱

6. 한글 번역은 독송과 사경을 위하여 정확성과 아울러 가독성을 고려하였다. 극존칭은 부처님과 불경계에 대해서만 사용하였다.

7. 독송본의 차례는 일러두기 → 본문 → 화엄경 목차 → 간행사의 순차이다.
   (법공양판에는 간행사 다음에 간행불사 동참자를 밝혀 두었다.)

8. 독송본의 한글역은 사경의 편의를 도모하기 위해 그 편집을 달리하여 『사경본 한글역 대방광불화엄경』으로 함께 간행한다. 독송본과 사경본 모두 80권 『대방광불화엄경』의 권별 목차 순으로 간행한다.

독송본 한문·한글역

대방광불화엄경 제2권
大方廣佛華嚴經 卷第二

1. 세주묘엄품 [2]
世主妙嚴品 第一之二

실차난타 한역
수미해주 한글역

②

대방광불화엄경 제2권 변상도

대방광불화엄경

제2권

1. 세주묘엄품 [2]

其果含輝發燄明　瑠璃為幹衆寶枝　嚴飾於中影現其　行列枝葉光茂現自在雨無盡　衆寶羅網妙香海無邊顯現摩　寶輪及衆寶華提場中始成正　如是我聞一時

대방광불화엄경 권제이
大方廣佛華嚴經 卷第二

세주묘엄품 제일지이
世主妙嚴品 第一之二

이시   여래도량중해   실이운집   무변품
爾時에 **如來道場衆海**가 **悉已雲集**하니 **無邊品**

류   주잡변만   형색부종   각각차별   수
類가 **周帀徧滿**하며 **形色部從**이 **各各差別**하며 **隨**

소래방   친근세존   일심첨앙
所來方하야 **親近世尊**하고 **一心瞻仰**하니라

차제중회   이리일체번뇌심구   급기여습
此諸衆會가 **已離一切煩惱心垢**와 **及其餘習**하야

1

대방광불화엄경 제2권

1. 세주묘엄품 [2]

그 때에 여래의 도량에 대중바다가 다 이미 운집하였다. 가없는 품류들이 두루 가득하였는데 형색과 부류가 각각 다르며, 온 방위를 따라서 세존을 친근하고 일심으로 우러러보았다.

이 모든 회중들은 이미 일체 번뇌와 마음의 때와 그리고 남은 습기를 여의어서, 무거운 장

최중장산　　견불무애　　여시　　개이비로자
摧重障山하고 見佛無礙하니 如是는 皆以毗盧遮

나여래　　왕석지시　　어겁해중　　수보살행
那如來가 往昔之時에 於劫海中에 修菩薩行하사

이사섭사　　이증섭수　　일일불소　　종선근
以四攝事로 而曾攝受라 一一佛所에 種善根

시　　개이선섭　　종종방편　　교화성숙
時에 皆已善攝하사 種種方便으로 敎化成熟하사

영기안립일체지도
令其安立一切智道케하시니라

종무량선　　획중대복　　실이입어방편원
種無量善하야 獲衆大福하며 悉已入於方便願

해　　소행지행　　구족청정　　어출리도　　이
海하며 所行之行이 具足淸淨하며 於出離道에 已

능선출　　상견어불　　분명조요　　이승해
能善出하며 常見於佛호대 分明照了라 以勝解

애의 산을 무너뜨리고 부처님을 보는 데 걸림이 없었다. 이와 같음은 다 비로자나여래께서 지난 옛적 많은 겁 동안 보살행을 닦으시어 사섭의 일로써 일찍이 섭수하신 것이다. 낱낱 부처님 처소에서 선근을 심을 때에 다 이미 잘 거두어서 갖가지 방편으로 교화하고 성숙시켜 그들이 일체 지혜의 길에 안립하게 하셨다.

한량없는 선근을 심어 온갖 큰 복을 얻었으며, 다 이미 방편과 원력바다에 들어갔으며, 행할 바 행이 구족하여 청정하였으며, 벗어날 길에서 이미 능히 잘 벗어났으며, 항상 부처님을 친견하되 분명하고 밝게 비추어 보았다.

력 입어여래공덕대해 득어제불해탈
力으로 入於如來功德大海하고 得於諸佛解脫

지문 유희신통
之門하야 遊戲神通하니라

소위묘염해대자재천왕 득법계허공계적
所謂妙燄海大自在天王은 得法界虛空界寂

정방편력해탈문 자재명칭광천왕 득보
靜方便力解脫門하고 自在名稱光天王은 得普

관일체법실자재해탈문 청정공덕안천왕
觀一切法悉自在解脫門하고 淸淨功德眼天王은

득지일체법 불생불멸 불래불거 무공
得知一切法의 不生不滅과 不來不去하는 無功

용행해탈문 가애락대혜천왕 득현견일
用行解脫門하고 可愛樂大慧天王은 得現見一

체법진실상 지혜해해탈문 부동광자
切法眞實相하는 智慧海解脫門하고 不動光自

수승하게 이해하는 힘으로 여래 공덕의 큰 바다에 들어가고, 모든 부처님의 해탈문을 얻어서 신통으로 유희하였다.

이른바 묘염해 대자재천왕은 법계와 허공계의 적정한 방편력의 해탈문을 얻었고, 자재명칭광 천왕은 일체 법을 널리 관하여 다 자재한 해탈문을 얻었고, 청정공덕안 천왕은 일체 법의 나지도 않고 멸하지도 않음과 오지도 않고 가지도 않음을 아는 무공용행의 해탈문을 얻었다.

가애락대혜 천왕은 일체 법의 진실한 모습을 환하게 보는 지혜바다의 해탈문을 얻었고, 부

재천왕　　득여중생무변안락　　대방편정해
在天王은 得與衆生無邊安樂하는 大方便定解

탈문　　　묘장엄안천왕　　득령관적정법
脫門하고 妙莊嚴眼天王은 得令觀寂靜法하야

멸제치암포해탈문　　선사유광명천왕　　득
滅諸癡暗怖解脫門하고 善思惟光明天王은 得

선입무변경계　　불기일체제유사유업해탈
善入無邊境界호대 不起一切諸有思惟業解脫

문　　가애락대지천왕　　득보왕시방설법
門하고 可愛樂大智天王은 得普往十方說法호대

이부동무소의해탈문　　보음장엄당천왕
而不動無所依解脫門하고 普音莊嚴幢天王은

득입불적정경계　　보현광명해탈문　　명
得入佛寂靜境界하야 普現光明解脫門하고 名

칭광선정진천왕　　득주자소오처　　이이무
稱光善精進天王은 得住自所悟處하야 而以無

동광자재 천왕은 중생들에게 끝없는 안락을 주는 큰 방편과 선정의 해탈문을 얻었고, 묘장엄안 천왕은 적정한 법을 관하여 모든 어리석음의 공포를 멸하게 하는 해탈문을 얻었고, 선사유광명 천왕은 끝없는 경계에 잘 들어가되 일체 모든 존재에 대하여 사유하는 업을 일으키지 않는 해탈문을 얻었다.

가애락대지 천왕은 널리 시방에 가서 법을 설하되 움직이지 않고 의지하는 바가 없는 해탈문을 얻었고, 보음장엄당 천왕은 부처님의 적정 경계에 들어가서 광명을 널리 나타내는 해탈문을 얻었고, 명칭광선정진 천왕은 스스

변광대경계　위소연해탈문
邊廣大境界_로 爲所緣解脫門_{하니라}

이시　묘염해천왕　승불위력　보관일체
爾時_에 妙燄海天王_이 承佛威力_{하야} 普觀一切

자재천중　이설송언
自在天衆_{하고} 而說頌言_{하니라}

불신보변제대회　충만법계무궁진
佛身普徧諸大會_{하시며} 充滿法界無窮盡_{하시니}

적멸무성불가취　위구세간이출현
寂滅無性不可取_{로대} 爲救世間而出現_{이로다}

로 깨달은 곳에 머물러 끝없이 광대한 경계로

반연할 바를 삼는 해탈문을 얻었다.

그 때에 묘염해 천왕이 부처님의 위신력을

받들어 일체 자재천의 대중들을 두루 살펴보

고 게송을 설하여 말씀하였다.

부처님 몸은 널리 모든 대회에 두루 계시며

법계에 충만하여 끝까지 다함이 없으시니

적멸하여 체성이 없어 취할 수 없으나

세간을 구제하기 위하여 출현하시도다.

여래법왕출세간
如來法王出世間하사

능연조세묘법등
能然照世妙法燈하사대

경계무변역무진
境界無邊亦無盡하시니

차자재명지소증
此自在名之所證이로다

불부사의이분별
佛不思議離分別하사

요상시방무소유
了相十方無所有하시고

위세광개청정도
爲世廣開淸淨道하시니

여시정안능관견
如是淨眼能觀見이로다

여래지혜무변제
如來智慧無邊際하사

일체세간막능측
一切世間莫能測이라

영멸중생치암심
永滅衆生癡暗心하시니

대혜입차심안주
大慧入此深安住로다

여래 법왕께서 세간에 출현하셔서

능히 세간을 비추는 미묘한 법의 등불을 켜시되

경계가 가없고 또한 다함이 없으니

이것은 자재명칭광 천왕이 증득한 바로다.

부처님은 부사의라 분별을 여의셔서

형상은 시방에 없음을 깨달으시고

세상을 위하여 청정한 길을 널리 여시니

이러함은 청정공덕안 천왕이 관해 보았도다.

여래의 지혜는 끝이 없으셔서

일체 세간이 측량할 수 없음이라

중생들의 어리석은 마음을 길이 멸하시니

가애락대혜 천왕이 이에 들어가 깊이 안주하도다.

여래공덕부사의
如來功德不思議여

중생견자번뇌멸
衆生見者煩惱滅이라

보사세간획안락
普使世間獲安樂케하시니

부동자재천능견
不動自在天能見이로다

중생치암상미부
衆生癡暗常迷覆일새

여래위설적정법
如來爲說寂靜法하시니

시즉조세지혜등
是則照世智慧燈이라

묘안능지차방편
妙眼能知此方便이로다

여래청정묘색신
如來淸淨妙色身이여

보현시방무유비
普現十方無有比라

차신무성무의처
此身無性無依處이시니

선사유천소관찰
善思惟天所觀察이로다

여래의 공덕이 부사의함이여
중생들이 보면 번뇌가 멸함이라
널리 세간이 안락을 얻게 하시니
부동광자재 천왕이 능히 보았도다.

중생들은 어리석어 항상 미혹에 덮여있어
여래께서 위하여 적정법을 설하시니
이것은 세상을 비추는 지혜의 등불이라
묘장엄안 천왕이 능히 이 방편을 알았도다.

여래의 청정하고 미묘한 색신이시여
널리 시방에 나타나시되 비교할 이 없음이라
이 몸은 체성도 없고 의지하는 곳도 없으시니
선사유광명 천왕이 관찰한 바로다.

여래음성무한애
如來音聲無限礙하사

감수화자미불문
堪受化者靡不聞호대

이불적연항부동
而佛寂然恒不動하시니

차낙지천지해탈
此樂智天之解脫이로다

적정해탈천인주
寂靜解脫天人主여

시방무처불현전
十方無處不現前하사

광명조요만세간
光明照耀滿世間하시니

차무애법엄당견
此無礙法嚴幢見이로다

불어무변대겁해
佛於無邊大劫海에

위중생고구보리
爲衆生故求菩提하사

종종신통화일체
種種神通化一切하시니

명칭광천오사법
名稱光天悟斯法이로다

여래의 음성은 한계와 걸림이 없으셔서
교화를 받을 이가 듣지 않음이 없으나
부처님은 고요하여 항상 움직이지 않으시니
이것은 가애락대지[樂智] 천왕의 해탈이로다.

적정하게 해탈하신 천인의 주인이시여
시방에 나타나시지 않은 곳 없어서
광명이 비추어 세간에 가득하시니
이 걸림 없는 법은 보음장엄당 천왕이 보았도다.

부처님은 가없는 큰 겁바다에서
중생들을 위하여 보리를 구하시어
갖가지 신통으로 일체를 교화하시니
명칭광 천왕이 이 법을 깨달았도다.

부차가 애락법광명당천왕   득보관일체중
復次可愛樂法光明幢天王은 得普觀一切衆

생근   위설법단의해탈문   정장엄해천
生根하야 爲說法斷疑解脫門하고 淨莊嚴海天

왕   득수억념   영견불해탈문   최승혜광
王은 得隨憶念하야 令見佛解脫門하고 最勝慧光

명천왕   득법성평등   무소의장엄신해
明天王은 得法性平等하야 無所依莊嚴身解

탈문   자재지혜당천왕   득요지일체세간
脫門하고 自在智慧幢天王은 得了知一切世間

법   일념중   안립부사의장엄해해탈문
法하야 一念中에 安立不思議莊嚴海解脫門하고

낙적정천왕   득어일모공   현부사의불찰
樂寂靜天王은 得於一毛孔에 現不思議佛刹하되

무장애해탈문   보지안천왕   득입보문
無障礙解脫門하고 普智眼天王은 得入普門하야

또 가애락법광명당 천왕은 일체 중생의 근기를 널리 관찰하여 법을 설해서 의심을 끊게 하는 해탈문을 얻었고, 정장엄해 천왕은 생각함을 따라서 부처님을 보게 하는 해탈문을 얻었고, 최승혜광명 천왕은 법의 성품이 평등하여 의지할 바가 없는 장엄한 몸의 해탈문을 얻었고, 자재지혜당 천왕은 일체 세간법을 요달해 알아서 한순간에 부사의한 장엄바다를 안립하는 해탈문을 얻었다.

낙적정 천왕은 한 모공에 부사의한 부처님 세계를 나타내되 장애가 없는 해탈문을 얻었고, 보지안 천왕은 넓은 문에 들어가서 법계

관찰법계해탈문　　낙선혜천왕　　득위일체
觀察法界解脫門하고 樂旋慧天王은 得爲一切

중생　　　종종출현　　무변겁　　상현전해탈
衆生하야 種種出現호대 無邊劫에 常現前解脫

문　　선종혜광명천왕　　득관일체세간경
門하고 善種慧光明天王은 得觀一切世間境

계　　입부사의법해탈문　　무구적정광천
界하야 入不思議法解脫門하고 無垢寂靜光天

왕　득시일체중생출요법해탈문　　광대청
王은 得示一切衆生出要法解脫門하고 廣大淸

정광천왕　　득관찰일체응화중생　　영입불
淨光天王은 得觀察一切應化衆生하야 令入佛

법해탈문
法解脫門하니라

를 관찰하는 해탈문을 얻었고, 낙선혜 천왕은 일체 중생을 위하여 갖가지로 출현하되 가없는 겁 동안 항상 앞에 나타나는 해탈문을 얻었다.

선종혜광명 천왕은 일체 세간의 경계를 관찰하여 부사의한 법에 들어가는 해탈문을 얻었고, 무구적정광 천왕은 일체 중생에게 생사에서 벗어나는 요긴한 법을 보여주는 해탈문을 얻었고, 광대청정광 천왕은 일체 응당 교화해야 할 중생들을 관찰하여 부처님 법에 들어가게 하는 해탈문을 얻었다.

이시　가애락법광명당천왕　승불위력
爾時에 可愛樂法光明幢天王이 承佛威力하야

보관일체소광천　무량광천　광과천중
普觀一切少廣天과 無量廣天과 廣果天衆하고

이설송언
而說頌言하니라

제불경계부사의　일체중생막능측
諸佛境界不思議여 一切衆生莫能測이어늘

보령기심생신해　광대의락무궁진
普令其心生信解케하시니 廣大意樂無窮盡이로다

그 때에 가애락법광명당 천왕이 부처님의 위
신력을 받들어 일체 소광천과 무량광천과 광
과천의 대중들을 널리 살펴보고 게송을 설하
여 말씀하였다.

모든 부처님의 경계가 부사의함이여
일체 중생이 능히 측량할 수 없거늘
널리 그 마음에 믿음과 이해를 내게 하시니
광대한 뜻의 즐거움이 끝까지 다함이 없도다.

약유중생감수법
若有衆生堪受法이면

불위신력개도피
佛威神力開導彼하사

영기항도불현전
令其恒覩佛現前케하시니

엄해천왕여시견
嚴海天王如是見이로다

일체법성무소의
一切法性無所依라

불현세간역여시
佛現世間亦如是하사

보어제유무의처
普於諸有無依處하시니

차의승지능관찰
此義勝智能觀察이로다

수제중생심소욕
隨諸衆生心所欲하사

불신통력개능현
佛神通力皆能現하사대

각각차별부사의
各各差別不思議니

차지당왕해탈해
此智幢王解脫海로다

만약 어떤 중생이 법을 받을 만하면
부처님의 위신력으로 그를 인도하시어
그에게 항상 부처님이 현전함을 보게 하시니
정장엄해 천왕이 이와 같이 보았도다.

일체 법의 성품이 의지하는 바가 없음이라
부처님께서 세간에 나타나심도 또한 그러하여
널리 모든 존재에 의지하는 곳이 없으시니
이 뜻은 최승혜광명[勝智] 천왕이 능히 관찰하였도다.

모든 중생들의 마음에 하고자 하는 바를 따라서
부처님의 신통력으로 다 능히 나타내시되
각각 차별하여 부사의하니
이것은 자재지혜당 천왕의 해탈바다로다.

과거소유제국토
過去所有諸國土를

일모공중개시현
一毛孔中皆示現이여

차시제불대신통
此是諸佛大神通이시니

애락적정능선설
愛樂寂靜能宣說이로다

일체법문무진해
一切法門無盡海가

동회일법도량중
同會一法道場中이여

여시법성불소설
如是法性佛所說이시니

지안능명차방편
智眼能明此方便이로다

시방소유제국토
十方所有諸國土에

실재기중이설법
悉在其中而說法하사대

불신무거역무래
佛身無去亦無來하시니

애락혜선지경계
愛樂慧旋之境界로다

과거에 있었던 모든 국토를

한 모공 가운데 다 나타내 보이심이여

이것은 모든 부처님의 큰 신통이시니

낙적정[愛樂寂] 천왕이 능히 연설하도다.

일체 법문의 다함없는 바다가

한 법의 도량 가운데 함께 모임이여

이러한 법의 성품은 부처님께서 설하신 것이니

보지안 천왕이 능히 이 방편을 밝혔도다.

시방에 있는 모든 국토에

다 그 가운데서 법을 설하시되

부처님 몸은 감도 없고 옴도 없으시니

낙선혜[愛樂慧旋] 천왕의 경계로다.

불관세법여광영
佛觀世法如光影하시고

입피심심유오처
入彼甚深幽奧處하사

설제법성상적연
說諸法性常寂然하시니

선종사유능견차
善種思惟能見此로다

불선요지제경계
佛善了知諸境界하사

수중생근우법우
隨衆生根雨法雨하사

위계난사출요문
爲啓難思出要門하시니

차적정천능오입
此寂靜天能悟入이로다

세존항이대자비
世尊恒以大慈悲로

이익중생이출현
利益衆生而出現하사

등우법우충기기
等雨法雨充其器하시니

청정광천능연설
清淨光天能演說이로다

부처님께서 세간법을 그림자같이 관하시고
저 매우 깊고 그윽한 곳까지 들어가셔서
모든 법의 성품이 항상 고요함을 연설하시니
선종혜광명[善種思] 천왕이 능히 이것을 보았도다.

부처님께서 모든 경계를 잘 요달해 아시어
중생들의 근기 따라 법의 비를 내리셔서
생각하기 어려운 벗어나는 요긴한 문을 여시니
이것은 무구적정광 천왕이 깨달아 들어갔도다.

세존께서 항상 큰 자비로써
중생들을 이익하게 하려고 출현하시어
평등하게 법의 비를 내려 그 그릇을 채우시니
광대청정광 천왕이 능히 연설하도다.

부차 청정혜명칭천왕 득요달일체중생해
復次淸淨慧名稱天王은 得了達一切衆生解

탈도 방편해탈문 최승견천왕 득수
脫道하는 方便解脫門하고 最勝見天王은 得隨

일체제천중소락 여광영보시현해탈문
一切諸天衆所樂하야 如光影普示現解脫門하고

적정덕천왕 득보엄정일체불경계 대방
寂靜德天王은 得普嚴淨一切佛境界하는 大方

편해탈문 수미음천왕 득수제중생
便解脫門하고 須彌音天王은 得隨諸衆生하야

영유전생사해해탈문 정념안천왕 득억
永流轉生死海解脫門하고 淨念眼天王은 得憶

넘여래 조복중생행해탈문 가애락보조
念如來의 調伏衆生行解脫門하고 可愛樂普照

천왕 득보문다라니해 소유출해탈문
天王은 得普門陀羅尼海의 所流出解脫門하고

또 청정혜명칭 천왕은 일체 중생의 해탈도를 요달하는 방편의 해탈문을 얻었고, 최승견 천왕은 일체 모든 하늘 대중들의 즐기는 바를 따라서 그림자같이 널리 나타내 보이는 해탈문을 얻었고, 적정덕 천왕은 일체 부처님 경계를 널리 장엄하고 깨끗이 하는 큰 방편의 해탈문을 얻었고, 수미음 천왕은 모든 중생들을 따라서 생사의 바다에 길이 유전하는 해탈문을 얻었다.

정념안 천왕은 여래께서 중생들을 조복하시는 행을 기억하는 해탈문을 얻었고, 가애락보조 천왕은 보문의 다라니바다에서 흘러나오는

세간자재주천왕　　득능령중생　　치불생신
世間自在主天王은　得能令衆生으로　值佛生信

장해탈문　　광염자재천왕　　득능령일체
藏解脫門하고　光燄自在天王은　得能令一切

중생　　문법신희　　이출리해탈문　　낙사
衆生으로　聞法信喜하야　而出離解脫門하고　樂思

유법변화천왕　　득입일체보살　　조복행　여
惟法變化天王은　得入一切菩薩의　調伏行이　如

허공　　무변무진해탈문　　변화당천왕
虛空하야　無邊無盡解脫門하고　變化幢天王은

득관중생무량번뇌　　보비지해탈문　　성
得觀衆生無量煩惱하는　普悲智解脫門하고　星

수음묘장엄천왕　　득방광현불　　삼륜섭화
宿音妙莊嚴天王은　得放光現佛하야　三輪攝化

해탈문
解脫門하니라

해탈문을 얻었고, 세간자재주 천왕은 능히 중생들에게 부처님을 만나서 믿음의 창고를 내게 하는 해탈문을 얻었고, 광염자재 천왕은 능히 일체 중생이 법을 들어서 믿고 기뻐하여 벗어나게 하는 해탈문을 얻었다.

낙사유법변화 천왕은 일체 보살의 조복하는 행이 허공과 같아서 가없고 다함없는 데 들어가는 해탈문을 얻었고, 변화당 천왕은 중생들의 한량없는 번뇌를 관찰하는 넓은 자비와 지혜의 해탈문을 얻었고, 성수음묘장엄 천왕은 광명을 놓아서 부처님을 나타내어 삼륜으로 거두어 교화하는 해탈문을 얻었다.

이시　청정혜명칭천왕　승불위력　보관
爾時에 淸淨慧名稱天王이 承佛威力하야 普觀

일체소정천　무량정천　변정천중　이설
一切少淨天과 無量淨天과 徧淨天衆하고 而說

송언
頌言하니라

요지법성무애자　보현시방무량찰
了知法性無礙者여 普現十方無量刹하사

설불경계부사의　영중동귀해탈해
說佛境界不思議하사 令衆同歸解脫海로다

그 때에 청정혜명칭 천왕이 부처님의 위신력을 받들어 일체 소정천과 무량정천과 변정천의 대중들을 널리 살펴보고 게송을 설하여 말씀하였다.

법의 성품이 걸림 없음을 요달해 아시는 이여
시방의 한량없는 세계에 널리 나타나셔서
부처님의 경계가 부사의함을 설하시어
중생들이 해탈바다에 함께 돌아가게 하시도다.

여래처세무소의
如來處世無所依여

비여광영현중국
譬如光影現衆國이라

법성구경무생기
法性究竟無生起시니

차승견왕소입문
此勝見王所入門이로다

무량겁해수방편
無量劫海修方便하사

보정시방제국토
普淨十方諸國土하사대

법계여여상부동
法界如如常不動하시니

적정덕천지소오
寂靜德天之所悟로다

중생우치소부장
衆生愚癡所覆障으로

맹암항거생사중
盲暗恒居生死中이어늘

여래시이청정도
如來示以淸淨道하시니

차수미음지해탈
此須彌音之解脫이로다

여래께서 세상에 계시되 의지하시는 바가 없음이여
비유하면 그림자가 온갖 국토에 나타나는 것과 같음이라
법의 성품은 구경에 일어남이 없으니
이것은 최승견 천왕이 들어간 문이로다.

한량없는 겁바다에서 방편을 닦으시어
널리 시방의 모든 국토를 깨끗하게 하시되
법계는 여여하여 항상 움직이지 않으니
적정덕 천왕의 깨달은 바로다.

중생들은 어리석음에 덮이고 장애된 바로
눈멀어 어두워 언제나 생사 가운데 있거늘
여래께서 청정한 길로써 보이시니
이것은 수미음 천왕의 해탈이로다.

제불소행무상도
諸佛所行無上道여

일체중생막능측
一切衆生莫能測이라

시이종종방편문
示以種種方便門하시니

정안체관능실료
淨眼諦觀能悉了로다

여래항이총지문
如來恒以摠持門이

비여찰해미진수
譬如刹海微塵數라

시교중생변일체
示敎衆生徧一切하시니

보조천왕차능입
普照天王此能入이로다

여래출세심난치
如來出世甚難值여

무량겁해시일우
無量劫海時一遇라

능령중생생신해
能令衆生生信解케하시니

차자재천지소득
此自在天之所得이로다

19

모든 부처님께서 행하신 위없는 도여
일체 중생은 측량할 수 없음이라
갖가지 방편문으로 보이시니
정념안 천왕이 자세히 관찰하고 다 요달하였도다.

여래께서 항상 쓰시는 총지문은
비유하면 세계바다 티끌 수 같음이라
중생들에게 보이고 가르쳐 일체에 두루하시니
가애락보조 천왕이 이에 능히 들어갔도다.

여래께서 세간에 출현하심은 매우 만나기 어려움이여
한량없는 겁바다에서 한 번 만남이라
능히 중생들에게 믿음과 이해를 내게 하시니
이것은 세간자재주 천왕이 얻은 바로다.

불설법성개무성
佛說法性皆無性이여

심심광대부사의
甚深廣大不思議하야

보사중생생정신
普使衆生生淨信케하시니

광염천왕능선료
光燄天王能善了로다

삼세여래공덕만
三世如來功德滿이여

화중생계부사의
化衆生界不思議라

어피사유생경열
於彼思惟生慶悅케하시니

여시낙법능개연
如是樂法能開演이로다

중생몰재번뇌해
衆生沒在煩惱海하야

우치견탁심가포
愚癡見濁甚可怖어늘

대사애민영영리
大師哀愍令永離케하시니

차화당왕소관경
此化幢王所觀境이로다

부처님께서 법성이 다 체성 없음을 설하심이여
매우 깊고 광대하고 부사의하여
널리 중생들에게 깨끗한 믿음을 내게 하시니
광염자재 천왕이 능히 잘 알았도다.

삼세 여래의 공덕이 원만하심이여
중생계를 교화하심이 부사의함이라
그것을 사유하고 기쁨을 내게 하시니
이러함은 낙사유법변화 천왕이 능히 연설하였도다.

중생들이 번뇌바다에 빠져서
어리석고 소견이 흐려 매우 두렵거늘
대사께서 불쌍히 여겨 길이 여의게 하시니
이것은 변화당 천왕이 관한 바 경계로다.

여래항방대광명　　　　　일일광중무량불
如來恒放大光明하사　　　一一光中無量佛이

각각현화중생사　　　　　차묘음천소입문
各各現化衆生事하시니　　此妙音天所入門이로다

부차가애락광명천왕　　득항수적정락　　　이
復次可愛樂光明天王은　得恒受寂靜樂호대　而

능강현　　소멸세간고해탈문　　　청정묘광
能降現하야　消滅世間苦解脫門하고　清淨妙光

천왕　　득대비심상응해　일체중생　　희락장
天王은　得大悲心相應海에　一切衆生이　喜樂藏

해탈문　　자재음천왕　　득일념중　　보현무
解脫門하고　自在音天王은　得一念中에　普現無

변겁일체중생　　복덕력해탈문　　　최승념지
邊劫一切衆生의　福德力解脫門하고　最勝念智

여래께서 항상 큰 광명을 놓으시어
낱낱 광명 가운데 한량없는 부처님께서
각각 중생들을 교화하는 일을 나타내시니
이것은 성수음묘장엄 천왕이 들어간 문이로다.

또 가애락광명 천왕은 항상 적정락을 받되 능히 세상에 내려와서 세간의 고통을 소멸하는 해탈문을 얻었고, 청정묘광 천왕은 대비심이 상응하는 바다에서 일체 중생이 기쁘고 즐거워하는 창고 해탈문을 얻었고, 자재음 천왕은 한 생각 가운데 가없는 겁 동안 일체 중생의 복덕의 힘을 널리 나타내는 해탈문을 얻었다.

최승념지 천왕은 널리 이루어지고 머무르고

천왕　　득보사성주괴일체세간　　개실여허
天王은 得普使成住壞一切世間으로 皆悉如虛

공청정해탈문　　가애락정묘음천왕　　득애
空淸淨解脫門하고 可愛樂淨妙音天王은 得愛

락신수일체성인법해탈문　　선사유음천왕
樂信受一切聖人法解脫門하고 善思惟音天王은

득능경겁주　　연설일체지의　　급방편해탈
得能經劫住하야 演說一切地義와 及方便解脫

문　　연장엄음천왕　　득일체보살　　종도솔
門하고 演莊嚴音天王은 得一切菩薩이 從兜率

천궁몰　　하생시　　대공양방편해탈문　　심
天宮歿하야 下生時에 大供養方便解脫門하고 甚

심광음천왕　　득관찰무진신통지혜해해탈
深光音天王은 得觀察無盡神通智慧海解脫

문　　광대명칭천왕　　득일체불공덕해만
門하고 廣大名稱天王은 得一切佛功德海滿

무너지는 일체 세간으로 하여금 모두 다 허공과 같이 청정하게 하는 해탈문을 얻었고, 가애락정묘음 천왕은 일체 성인의 법을 사랑하고 즐기고 믿고 받아들이는 해탈문을 얻었고, 선사유음 천왕은 능히 겁이 지나도록 머물면서 일체 지위의 뜻과 방편을 연설하는 해탈문을 얻었고, 연장엄음 천왕은 일체 보살이 도솔천궁으로부터 내려와서 태어날 때에 크게 공양하는 방편의 해탈문을 얻었다.

심심광음 천왕은 다함없는 신통과 지혜바다를 관찰하는 해탈문을 얻었고, 광대명칭 천왕은 일체 부처님의 공덕바다가 만족하여 세간

족   출현세간방편력해탈문   최승정광
足하야 出現世間方便力解脫門하고 最勝淨光

천왕   득여래왕석서원력   발생심신애락
天王은 得如來往昔誓願力으로 發生深信愛樂

장해탈문
藏解脫門하니라

이시   가애락광명천왕   승불위력   보관
爾時에 可愛樂光明天王이 承佛威力하야 普觀

일체소광천   무량광천   극광천중   이설
一切少光天과 無量光天과 極光天衆하고 而說

송언
頌言하니라

에 출현하는 방편력의 해탈문을 얻었고, 최승
정광 천왕은 여래께서 지난 옛적의 서원력으
로 깊은 믿음과 사랑과 즐거움을 발생하신 창
고 해탈문을 얻었다.

그 때에 가애락광명 천왕이 부처님의 위신력
을 받들어 일체 소광천과 무량광천과 극광천
의 대중들을 널리 살펴보고 게송을 설하여 말
씀하였다.

아 념 여 래 석 소 행
我念如來昔所行이

승 사 공 양 무 변 불
承事供養無邊佛이시니

여 본 신 심 청 정 업
如本信心淸淨業을

이 불 위 신 금 실 견
以佛威神今悉見이로다

불 신 무 상 이 중 구
佛身無相離衆垢라

항 주 자 비 애 민 지
恒住慈悲哀愍地하사

세 간 우 환 실 사 제
世間憂患悉使除케하시니

차 시 묘 광 지 해 탈
此是妙光之解脫이로다

불 법 광 대 무 애 제
佛法廣大無涯際하야

일 체 찰 해 어 중 현
一切剎海於中現호대

여 기 성 괴 각 부 동
如其成壞各不同하니

자 재 음 천 해 탈 력
自在音天解脫力이로다

내가 생각하니 여래께서 옛적에 행하신 것이
가없는 부처님을 받들어 섬기고 공양하심이니
본래대로의 신심과 청정한 업을
부처님의 위신력으로 지금 다 보도다.

부처님 몸은 형상이 없어서 온갖 더러움을 여읨이라
언제나 자비와 애민의 자리에 머무시어
세간의 근심 걱정을 다 제거하게 하시니
이것은 청정묘광 천왕의 해탈이로다.

부처님의 법은 광대하여 끝이 없어서
일체 세계바다가 그 가운데 나타나되
그 이루어지고 무너짐이 각각 같지 않으니
자재음 천왕의 해탈한 힘이로다.

불신통력무여등
佛神通力無與等하야

보현시방광대찰
普現十方廣大刹하사대

실령엄정상현전
悉令嚴淨常現前케하시니

승념해탈지방편
勝念解脫之方便이로다

여제찰해미진수
如諸刹海微塵數의

소유여래함경봉
所有如來咸敬奉하야

문법이염부당연
聞法離染不唐捐하니

차묘음천법문용
此妙音天法門用이로다

불어무량대겁해
佛於無量大劫海에

설지방편무륜필
說地方便無倫匹하사

소설무변무유궁
所說無邊無有窮하시니

선사음천지차의
善思音天知此義로다

부처님의 신통력은 더불어 같을 이 없어
시방의 광대한 세계를 널리 나타내시되
다 엄정하게 항상 앞에 나타나게 하시니
최승념지 천왕이 해탈한 방편이로다.

모든 세계바다의 티끌 수같이 많은
여래를 다 공경하고 받들어 섬겨서
법을 듣고 물듦을 여의어 헛되이 하지 않으셨으니
이것은 가애락정묘음 천왕의 법문 작용이로다.

부처님께서 한량없는 큰 겁바다에서
지위와 방편을 설하심이 짝할 이 없어
설하신 것이 가없고 다함없으니
선사유음 천왕이 이 뜻을 알았도다.

여래신변무량문
如來神變無量門이여

일념현어일체처
一念現於一切處에

강신성도대방편
降神成道大方便하시니

차장엄음지해탈
此莊嚴音之解脫이로다

위력소지능연설
威力所持能演說하시며

급현제불신통사
及現諸佛神通事하사

수기근욕실령정
隨其根欲悉令淨케하시니

차광음천해탈문
此光音天解脫門이로다

여래지혜무변제
如來智慧無邊際하사

세중무등무소착
世中無等無所著하사대

자심응물보현전
慈心應物普現前하시니

광대명천오사도
廣大名天悟斯道로다

여래의 신통변화가 한량없으신 문이여
한순간에 모든 곳에서
탄생하고 성도하는 큰 방편을 나타내시니
이것은 연장엄음 천왕의 해탈이로다.

위신력을 지닌 바로 능히 연설하시며
모든 부처님의 신통한 일을 나타내시어
그 근기와 욕망을 따라서 다 깨끗하게 하시니
이것은 심심광음 천왕의 해탈문이로다.

여래의 지혜는 끝이 없으셔서
세상에서 같음도 없고 집착할 것도 없되
자비심으로 중생들에게 응하여 널리 나타나시니
광대명칭 천왕이 이 도를 깨달았도다.

불석수습보리행　　　　공양시방일체불
佛昔修習菩提行하사　　供養十方一切佛하고

일일불소발서심　　　　최승광문대환희
一一佛所發誓心하시니　最勝光聞大歡喜로다

부차시기범왕　　득보주시방도량중설법
復次尸棄梵王은　得普住十方道場中說法호대

이소행청정무염착해탈문　　혜광범왕　　득
而所行淸淨無染著解脫門하고　慧光梵王은　得

사일체중생　　입선삼매주해탈문　　선사
使一切衆生으로　入禪三昧住解脫門하고　善思

혜광명범왕　득보입일체부사의법해탈문
慧光明梵王은　得普入一切不思議法解脫門하고

보운음범왕　득입제불일체음성해해탈문
普雲音梵王은　得入諸佛一切音聲海解脫門하고

부처님께서 옛적에 보리행을 닦으시어
시방의 일체 부처님께 공양하시고
낱낱 부처님 처소에서 서원심을 내시니
최승정광 천왕이 듣고 크게 환희하도다.

또 시기 범왕은 널리 시방의 도량 가운데 머물러서 법을 설하되 행하는 바가 청정하여 물들거나 집착함이 없는 해탈문을 얻었고, 혜광 범왕은 일체 중생에게 선삼매에 들어가서 머물게 하는 해탈문을 얻었고, 선사혜광명 범왕은 일체 부사의한 법에 널리 들어가는 해탈문을 얻었다.

보운음 범왕은 모든 부처님의 일체 음성바다

관세언음자재범왕　　득능억념보살　　교화일
觀世言音自在梵王은　得能憶念菩薩의　敎化一

체중생방편해탈문　　적정광명안범왕　　득
切衆生方便解脫門하고　寂靜光明眼梵王은　得

현일체세간업보상각차별해탈문　　보광명
現一切世閒業報相各差別解脫門하고　普光明

범왕　　득수일체중생　　품류차별　　개현전
梵王은　得隨一切衆生의　品類差別하야　皆現前

조복해탈문　　변화음범왕　　득주일체법청
調伏解脫門하고　變化音梵王은　得住一切法淸

정상적멸행경계해탈문　　광요안범왕　　득
淨相寂滅行境界解脫門하고　光耀眼梵王은　得

어일체유　　무소착　　무변제　　무의지
於一切有에　無所著하며　無邊際하며　無依止하야

상근출현해탈문　　열의해음범왕　　득상사
常勤出現解脫門하고　悅意海音梵王은　得常思

에 들어가는 해탈문을 얻었고, 관세언음자재 범왕은 능히 보살의 일체 중생을 교화하는 방편을 기억하는 해탈문을 얻었고, 적정광명안 범왕은 일체 세간 업보의 모습이 각각 차별함을 나타내는 해탈문을 얻었고, 보광명 범왕은 일체 중생의 품류가 차별함을 따라서 다 앞에 나타나 조복하는 해탈문을 얻었다.

변화음 범왕은 일체 법의 청정한 모습과 적멸한 행의 경계에 머무는 해탈문을 얻었고, 광요안 범왕은 일체 존재에 집착하는 바가 없으며 끝이 없으며 의지함이 없어서 항상 부지런히 출현하는 해탈문을 얻었고, 열의해음 범왕

유관찰무진법해탈문
惟觀察無盡法解脫門하나라

이시　시기대범왕　승불신력　보관일체
爾時에 尸棄大梵王이 承佛神力하야 普觀一切

범신천　범보천　범중천　대범천중　이
梵身天과 梵輔天과 梵衆天과 大梵天衆하고 而

설송언
說頌言하나라

불신청정상적멸
佛身淸淨常寂滅하사

광명조요변세간
光明照耀徧世間하사대

무상무행무영상
無相無行無影像이여

비여공운여시견
譬如空雲如是見이로다

은 다함없는 법을 항상 사유하고 관찰하는 해
탈문을 얻었다.

그 때에 시기 대범왕이 부처님의 위신력을
받들어 일체 범신천과 범보천과 범중천과 대
범천의 대중들을 널리 살펴보고 게송을 설하
여 말씀하였다.

부처님 몸은 청정하고 항상 적멸하시어
광명을 비추어 세간에 두루하시되
형상도 없고 행도 없고 영상도 없음이여
마치 허공의 구름같이 이러하게 보여주시도다.

불신여시정경계
佛身如是定境界여

일체중생막능측
一切衆生莫能測이어늘

시피난사방편문
示彼難思方便門하시니

차혜광왕지소오
此慧光王之所悟로다

불찰미진법문해
佛刹微塵法門海를

일언연설진무여
一言演說盡無餘호대

여시겁해연불궁
如是劫海演不窮이여

선사혜광지해탈
善思慧光之解脫이로다

제불원음등세간
諸佛圓音等世間이여

중생수류각득해
衆生隨類各得解호대

이어음성불분별
而於音聲不分別하시니

보음범천여시오
普音梵天如是悟로다

부처님 몸의 이와 같은 선정 경계여
일체 중생이 측량할 수 없거늘
그 생각하기 어려운 방편문을 보이시니
이것은 혜광 범왕이 깨달은 바로다.

부처님 세계 티끌 수의 법문바다를
한 말로 연설하시어 다 남음이 없되
이같이 겁바다 동안 연설하셔도 끝없음이여
선사혜광명 범왕의 해탈이로다.

모든 부처님의 원만한 음성이 세간과 같으심이여
중생들이 부류를 따라 각각 이해하되
음성에는 분별이 없으시니
보운음 범천왕이 이와 같이 깨달았도다.

삼 세 소 유 제 여 래
三世所有諸如來의

취 입 보 리 방 편 행
趣入菩提方便行이여

일 체 개 어 불 신 현
一切皆於佛身現하시니

자 재 음 천 지 해 탈
自在音天之解脫이로다

일 체 중 생 업 차 별
一切衆生業差別이라

수 기 인 감 종 종 수
隨其因感種種殊어든

세 간 여 시 불 개 현
世間如是佛皆現하시니

적 정 광 천 능 오 입
寂靜光天能悟入이로다

무 량 법 문 개 자 재
無量法門皆自在하사

조 복 중 생 변 시 방
調伏衆生徧十方호대

역 불 어 중 기 분 별
亦不於中起分別하시니

차 시 보 광 지 경 계
此是普光之境界로다

삼세의 모든 여래께서
보리에 나아가 들어가시는 방편의 행이여
일체를 다 부처님 몸에 나타내시니
관세언음자재 천왕의 해탈이로다.

일체 중생의 업이 차별함이라
그 원인을 따라 나타남이 갖가지로 다른데
세간에 이와 같이 부처님께서 다 나타나시니
적정광명안 천왕이 능히 깨달아 들어갔도다.

한량없는 법문에 다 자재하시어
중생들을 조복하여 시방에 두루하시되
또한 그 가운데 분별을 일으키지 않으시니
이것은 보광명 범왕의 경계로다.

불신여공불가진
佛身如空不可盡이라

무상무애변시방
無相無礙徧十方하사대

소유응현개여화
所有應現皆如化하시니

변화음왕오사도
變化音王悟斯道로다

여래신상무유변
如來身相無有邊이시며

지혜음성역여시
智慧音聲亦如是하사

처세현형무소착
處世現形無所著하시니

광요천왕입차문
光耀天王入此門이로다

법왕안처묘법궁
法王安處妙法宮하사

법신광명무부조
法身光明無不照하사대

법성무비무제상
法性無比無諸相하시니

차해음왕지해탈
此海音王之解脫이로다

부처님 몸은 허공 같아서 다함이 없음이라
형상 없고 걸림 없어 시방에 두루하시되
응하여 나타남이 다 환화와 같으시니
변화음 천왕이 이 도를 깨달았도다.

여래의 몸 모습은 끝이 없으시며
지혜와 음성도 이와 같으셔서
세상에 형상을 나타내되 집착이 없으시니
광요안 천왕이 이 문에 들어갔도다.

법왕께서 미묘한 법의 궁전에 편안히 계시어
법신의 광명이 비추지 않음이 없으시되
법의 성품은 견줄 데 없고 모든 형상도 없으시니
이것은 열의해음 천왕의 해탈이로다.

부차자재천왕　　득현전성숙무량중생　　자
復次自在天王은 得現前成熟無量衆生하야 自

재장해탈문　　선목주천왕　　득관찰일체중
在藏解脫門하고 善目主天王은 得觀察一切衆

생락　　영입성경계락해탈문　　묘보당관
生樂하야 令入聖境界樂解脫門하고 妙寶幢冠

천왕　　득수제중생　　종종욕해　　영기행해
天王은 得隨諸衆生의 種種欲解하야 令起行解

탈문　　용맹혜천왕　　득보섭위일체중생소
脫門하고 勇猛慧天王은 得普攝爲一切衆生所

설의해탈문　　묘음구천왕　　득억념여래광
說義解脫門하고 妙音句天王은 得憶念如來廣

대자　　증진자소행해탈문　　묘광당천왕
大慈하야 增進自所行解脫門하고 妙光幢天王은

득시현대비문　　최멸일체교만당해탈문
得示現大悲門하야 摧滅一切憍慢幢解脫門하고

또 자재 천왕은 눈앞에서 한량없는 중생들을 성숙시켜 자재하게 하는 창고 해탈문을 얻었고, 선목주 천왕은 일체 중생의 즐거움을 관찰하여 성인 경계의 즐거움에 들어가게 하는 해탈문을 얻었고, 묘보당관 천왕은 모든 중생들의 갖가지 욕망과 이해를 따라서 행을 일으키게 하는 해탈문을 얻었다.

용맹혜 천왕은 일체 중생을 위하여 설하신 바의 뜻을 널리 거두어들이는 해탈문을 얻었고, 묘음구 천왕은 여래의 광대한 자비를 기억해서 자신의 행할 바를 증진시키는 해탈문을 얻었고, 묘광당 천왕은 대비의 문을 나타내 보

적정경천왕　　득조복일체세간진해심해탈
寂靜境天王은 得調伏一切世閒瞋害心解脫

문　　묘륜장엄당천왕　　득시방무변불　　수
門하고 妙輪莊嚴幢天王은 得十方無邊佛이 隨

억념실래부해탈문　　화광혜천왕　　득수중
憶念悉來赴解脫門하고 華光慧天王은 得隨衆

생심념　　보현성정각해탈문　　인다라묘
生心念하야 普現成正覺解脫門하고 因陀羅妙

광천왕　　득보입일체세간　　대위력자재법
光天王은 得普入一切世閒하는 大威力自在法

해탈문
解脫門하니라

이시　　자재천왕　　승불위신　　변관일체자
爾時에 自在天王이 承佛威神하야 徧觀一切自

여서 일체 교만의 깃대를 꺾어 없애는 해탈문을 얻었고, 적정경 천왕은 일체 세간의 성내어 해치는 마음을 조복하는 해탈문을 얻었다.

묘륜장엄당 천왕은 시방의 가없는 부처님께서 기억을 따라서 다 오시는 해탈문을 얻었고, 화광혜 천왕은 중생들의 생각을 따라서 정각 이룸을 널리 나타내는 해탈문을 얻었고, 인다라묘광 천왕은 일체 세간에 널리 들어가는 큰 위력이 자재한 법의 해탈문을 얻었다.

그 때에 자재 천왕이 부처님의 위신력을 받들어 일체 자재천의 대중들을 두루 살펴보고

재천중　이설송언
在天衆하고 而說頌言하니라

불신주변등법계
佛身周徧等法界하사

보응중생실현전
普應衆生悉現前이라

종종교문상화유
種種敎門常化誘하사

어법자재능개오
於法自在能開悟로다

세간소유종종락
世間所有種種樂에

성적멸락위최승
聖寂滅樂爲最勝일새

주어광대법성중
住於廣大法性中케하시니

묘안천왕관견차
妙眼天王觀見此로다

게송을 설하여 말씀하였다.

부처님 몸이 두루하여 법계와 같으셔서

널리 중생들에게 응하여 다 앞에 나타나심이라

갖가지 가르침으로 항상 교화하시어

법에 자재하게 능히 깨닫게 하시도다.

세간에 있는 갖가지 즐거움 중에

성스러운 적멸락이 가장 수승하여

광대한 법성 가운데 머물게 하시니

선목주[妙眼] 천왕이 이것을 관해 보았도다.

여래출현변시방
如來出現徧十方이여

보응군심이설법
普應群心而說法하사

일체의념개제단
一切疑念皆除斷하시니

차묘당관해탈문
此妙幢冠解脫門이로다

제불변세연묘음
諸佛徧世演妙音이여

무량겁중소설법
無量劫中所說法을

능이일언함설진
能以一言咸說盡하시니

용맹혜천지해탈
勇猛慧天之解脫이로다

세간소유광대자
世間所有廣大慈가

불급여래일호분
不及如來一毫分이라

불자여공불가진
佛慈如空不可盡이시니

차묘음천지소득
此妙音天之所得이로다

여래께서 출현하여 시방에 두루하심이여
널리 중생들의 마음에 응하여 법을 설하셔서
일체 의심을 다 끊어 없애주시니
이것은 묘보당관 천왕의 해탈문이로다.

모든 부처님께서 세상에 두루하여 묘음을 연설하심이여
한량없는 겁 동안 설하신 법을
능히 한 말로써 모두 다 설하시니
용맹혜 천왕의 해탈이로다.

세간에 있는 광대한 자애로움이
여래의 한 털끝만치도 미치지 못함이라
부처님의 자애는 허공과 같아 다할 수 없으시니
이것은 묘음구 천왕의 얻은 바로다.

일체중생만고산
一切衆生慢高山을

십력최진실무여
十力摧殄悉無餘여

차시여래대비용
此是如來大悲用이시니

묘광당왕소행도
妙光幢王所行道로다

혜광청정만세간
慧光淸淨滿世間이여

약유견자제치암
若有見者除癡暗하야

영기원리제악도
令其遠離諸惡道케하시니

적정천왕오사법
寂靜天王悟斯法이로다

모공광명능연설
毛孔光明能演說

등중생수제불명
等衆生數諸佛名하사

수기소락실득문
隨其所樂悉得聞케하시니

차묘륜당지해탈
此妙輪幢之解脫이로다

일체 중생의 교만의 높은 산을
십력으로 꺾어버려 다 남음이 없음이여
이것은 여래의 대비 작용이시니
묘광당 천왕이 행한 바 도로다.

지혜의 광명이 청정하여 세간에 충만하심이여
만약 보는 이가 있으면 어리석음을 제거하여
그들에게 모든 악도를 멀리 여의게 하시니
적정경 천왕이 이 법을 깨달았도다.

모공의 광명이 중생들의 수와 같은
모든 부처님의 명호를 능히 연설하시어
그 즐기는 바를 따라서 다 듣게 하시니
이것은 묘륜장엄당 천왕의 해탈이로다.

여래자재불가량
如來自在不可量이여

법계허공실충만
法界虛空悉充滿하사

일체중회개명도
一切衆會皆明覩케하시니

차해탈문화혜입
此解脫門華慧入이로다

무량무변대겁해
無量無邊大劫海에

보현시방이설법
普現十方而說法하사대

미증견불유거래
未曾見佛有去來니

차묘광천지소오
此妙光天之所悟로다

부차선화천왕   득개시일체업변화력해탈
復次善化天王은 得開示一切業變化力解脫

문   적정음광명천왕   득사리일체반연해
門하고 寂靜音光明天王은 得捨離一切攀緣解

여래의 자재하심을 헤아릴 수 없음이여
법계와 허공에 다 충만하시어
일체 대중모임이 모두 밝게 보게 하시니
이 해탈문은 화광혜 천왕이 들어갔도다.

한량없고 가없는 큰 겁바다 동안
널리 시방에 나타나 법을 설하시되
부처님의 가고 오심을 일찍이 보지 못하였으니
이것은 인다라묘광 천왕이 깨달은 바로다.

또 선화 천왕은 일체 업의 변화하는 힘을 열어 보이는 해탈문을 얻었고, 적정음광명 천왕은 일체 반연을 버리고 여의는 해탈문을 얻었고, 변화력광명 천왕은 널리 일체 중생의 어리

脫門_{하고} 變化力光明天王_은 得普滅一切衆生
탈문　변화력광명천왕　득보멸일체중생

癡暗心_{하야} 令智慧圓滿解脫門_{하고} 莊嚴主天
치암심　영지혜원만해탈문　장엄주천

王_은 得示現無邊悅意聲解脫門_{하고} 念光天王_은
왕　득시현무변열의성해탈문　염광천왕

得了知一切佛無盡福德相解脫門_{하고} 最上雲
득요지일체불무진복덕상해탈문　최상운

音天王_은 得普知過去一切劫成壞次第解脫
음천왕　득보지과거일체겁성괴차제해탈

門_{하고} 勝光天王_은 得開悟一切衆生智解脫
문　승광천왕　득개오일체중생지해탈

門_{하고} 妙髻天王_은 得舒光疾滿十方虛空界解
문　묘계천왕　득서광질만시방허공계해

脫門_{하고} 喜慧天王_은 得一切所作無能壞精進
탈문　희혜천왕　득일체소작무능괴정진

석은 마음을 소멸하여 지혜가 원만하게 하는 해탈문을 얻었다.

장엄주 천왕은 가없이 기쁜 뜻의 소리를 나타내 보이는 해탈문을 얻었고, 염광 천왕은 일체 부처님의 다함없는 복덕의 모습을 요달해 아는 해탈문을 얻었고, 최상운음 천왕은 과거의 일체 겁이 이루어지고 무너지는 차제를 널리 아는 해탈문을 얻었고, 승광 천왕은 일체 중생을 깨닫게 하는 지혜의 해탈문을 얻었다.

묘계 천왕은 광명을 펴서 시방 허공계에 빨리 가득 차게 하는 해탈문을 얻었고, 희혜 천왕은 일체 짓는 바를 능히 무너뜨릴 수 없는

력해탈문　　화광계천왕　　득지일체중생업
力解脫門하고 華光髻天王은 得知一切衆生業

소수보해탈문　　보견시방천왕　　득시현부
所受報解脫門하고 普見十方天王은 得示現不

사의중생형류차별해탈문
思議衆生形類差別解脫門하니라

이시　　선화천왕　　승불위력　　보관일체선
爾時에 善化天王이 承佛威力하야 普觀一切善

화천중　　이설송언
化天衆하고 而說頌言하니라

정진력의 해탈문을 얻었고, 화광계 천왕은 일체 중생이 업으로 받는 과보를 아는 해탈문을 얻었고, 보견시방 천왕은 부사의한 중생들의 형상과 부류가 차별함을 나타내 보이는 해탈문을 얻었다.

그 때에 선화 천왕이 부처님의 위신력을 받들어 일체 선화천의 대중들을 널리 살펴보고 게송을 설하여 말씀하였다.

세간업성부사의
世間業性不思議를

불위군미실개시
佛爲群迷悉開示하사대

교설인연진실리
巧說因緣眞實理와

일체중생차별업
一切衆生差別業이로다

종종관불무소유
種種觀佛無所有여

시방구멱불가득
十方求覓不可得이라

법신시현무진실
法身示現無眞實하시니

차법적음지소견
此法寂音之所見이로다

불어겁해수제행
佛於劫海修諸行은

위멸세간치암혹
爲滅世間癡暗惑이라

시고청정최조명
是故淸淨最照明하시니

차시력광심소오
此是力光心所悟로다

세간 업의 성품이 부사의함을
부처님께서 중생들을 위하여 다 열어 보이시되
인연의 진실한 이치와
일체 중생의 차별한 업을 잘 설하시도다.

갖가지로 부처님을 관해도 계시는 곳 없고
시방에서 찾아 구해도 얻을 수 없음이라
법신으로 나타내 보이심도 진실이 아니니
이 법은 적정음광명 천왕이 본 바로다.

부처님께서 겁바다에 모든 행을 닦으신 것은
세간의 어리석은 미혹을 멸하시기 위함이라
그러므로 청정하게 가장 밝게 비추시니
이것은 변화력광명 천왕이 마음에 깨달은 바로다.

세간소유묘음성
世間所有妙音聲이

무유능비여래음
無有能比如來音이라

불이일음변시방
佛以一音徧十方하시니

입차해탈장엄주
入此解脫莊嚴主로다

세간소유중복력
世間所有衆福力이

불여여래일상등
不與如來一相等이라

여래복덕동허공
如來福德同虛空하시니

차염광천소관견
此念光天所觀見이로다

삼세소유무량겁
三世所有無量劫에

여기성패종종상
如其成敗種種相을

불일모공개능현
佛一毛孔皆能現하시니

최상운음소요지
最上雲音所了知로다

세간에 있는 바 미묘한 음성이
여래의 음성에는 비할 수 없음이라
부처님께서 한 음성으로 시방에 두루하시니
이 해탈에 들어간 이는 장엄주 천왕이로다.

세간에 있는 바 온갖 복력이
여래의 한 모습과 같지 못함이라
여래의 복덕은 허공과 같으시니
이것은 염광 천왕이 관하여 본 바로다.

삼세의 있는 바 한량없는 겁 동안
그같이 이루어지고 무너지는 갖가지 모양을
부처님의 한 모공에 다 능히 나타내시니
최상운음 천왕이 요달해 안 바로다.

시방허공가지량
十方虛空可知量이어니와

불모공량불가득
佛毛孔量不可得이니

여시무애부사의
如是無礙不思議를

묘계천왕이능오
妙髻天王已能悟로다

불어낭세무량겁
佛於曩世無量劫에

구수광대바라밀
具修廣大波羅蜜하사

근행정진무염태
勤行精進無厭怠하시니

희혜능지차법문
喜慧能知此法門이로다

업성인연불가사
業性因緣不可思라

불위세간개연설
佛爲世間皆演說

법성본정무제구
法性本淨無諸垢하시니

차시화광지입처
此是華光之入處로다

시방의 허공은 양을 알 수 있으나

부처님의 모공은 양을 얻을 수 없으니

이와 같이 걸림 없고 부사의함을

묘계 천왕이 이미 능히 깨달았도다.

부처님께서 옛적 한량없는 겁 동안

광대한 바라밀을 갖추어 닦으셔서

부지런히 행하고 정진하여 게으름이 없으셨으니

희혜 천왕이 이 법문을 능히 알았도다.

업성의 인연은 불가사의라

부처님께서 세간을 위하여 법성이 본래 깨끗해

모든 때가 없음을 다 연설하시니

이것은 화광계 천왕이 들어간 곳이로다.

여응관불일모공
汝應觀佛一毛孔하라

일체중생실재중
一切衆生悉在中호대

피역불래역불거
彼亦不來亦不去니

차보견왕지소료
此普見王之所了로다

부차 지족천왕　득일체불출흥세　원만교
復次知足天王은 得一切佛出興世에 圓滿敎

륜해탈문　희락해계천왕　득진허공계
輪解脫門하고 喜樂海髻天王은 得盡虛空界가

청정광명신해탈문　최승공덕당천왕　득
淸淨光明身解脫門하고 最勝功德幢天王은 得

소멸세간고　정원해해탈문　적정광천
消滅世閒苦하는 淨願海解脫門하고 寂靜光天

왕　득보현신설법해탈문　선목천왕　득
王은 得普現身說法解脫門하고 善目天王은 得

그대들은 응당 부처님의 한 모공을 관하라
일체 중생이 다 그 가운데 있으나
그들은 오지도 아니하고 가지도 아니하니
이것은 보견시방 천왕이 요달한 바로다.

또 지족 천왕은 일체 부처님께서 세상에 출현하여 교법을 원만하게 하시는 해탈문을 얻었고, 희락해계 천왕은 온 허공계가 청정한 광명의 몸인 해탈문을 얻었고, 최승공덕당 천왕은 세간의 괴로움을 소멸하는 청정한 원력바다의 해탈문을 얻었다.

적정광 천왕은 널리 몸을 나타내어 법을 설하는 해탈문을 얻었고, 선목 천왕은 널리 일

보정일체중생계해탈문　　보봉월천왕　　득
普淨一切衆生界解脫門하고 寶峰月天王은 得

보화세간　　상현전무진장해탈문　　용건
普化世間하야 常現前無盡藏解脫門하고 勇健

력천왕　득개시일체불정각경계해탈문
力天王은 得開示一切佛正覺境界解脫門하고

금강묘광천왕　　득견고일체중생보리심　　영
金剛妙光天王은 得堅固一切衆生菩提心하야 令

불가괴해탈문　　성수당천왕　　득일체불
不可壞解脫門하고 星宿幢天王은 得一切佛

출흥　　함친근관찰　　조복중생방편해탈
出興에 咸親近觀察하야 調伏衆生方便解脫

문　　묘장엄천왕　　득일념　실지중생심
門하고 妙莊嚴天王은 得一念에 悉知衆生心하야

수기응현해탈문
隨機應現解脫門하니라

체 중생계를 청정하게 하는 해탈문을 얻었고, 보봉월 천왕은 널리 세간을 교화하여 항상 눈앞에 무진장을 나타내는 해탈문을 얻었고, 용건력 천왕은 일체 부처님의 정각 경계를 열어 보이는 해탈문을 얻었다.

금강묘광 천왕은 일체 중생의 보리심을 견고히 하여 무너지지 않게 하는 해탈문을 얻었고, 성수당 천왕은 일체 부처님께서 출현하심에 다 친근하고 관찰하여 중생들을 조복하는 방편의 해탈문을 얻었고, 묘장엄 천왕은 한 생각에 중생들의 마음을 다 알아서 근기에 따라 응하여 나타나는 해탈문을 얻었다.

이시　　지족천왕　　승불위력　　보관일체지
爾時에 知足天王이 承佛威力하야 普觀一切知

족천중　　이설송언
足天衆하고 而說頌言하니라

여래광대변법계　　　　어제중생실평등
如來廣大徧法界하사　　於諸衆生悉平等하시며

보응군정천묘문　　　　영입난사청정법
普應群情闡妙門하사　　令入難思淸淨法이로다

불신보현어시방　　　　무착무애불가취
佛身普現於十方하사　　無著無礙不可取나

종종색상세함견　　　　차희계천지소입
種種色像世咸見하니　　此喜髻天之所入이로다

그 때에 지족 천왕이 부처님의 위신력을 받들어 일체 지족천의 대중들을 널리 살펴보고 게송을 설하여 말씀하였다.

여래께서 광대하여 법계에 두루하시어
모든 중생들에게 다 평등하시며
널리 유정들에게 응하여 미묘한 문을 여셔서
생각하기 어려운 청정한 법에 들어가게 하시도다.

부처님 몸은 시방에 널리 나타나시어
집착도 없고 걸림도 없어 취할 수 없으나
갖가지 색상을 세상에서 다 보니
이것은 희락해계 천왕이 들어간 바로다.

여래왕석수제행
如來往昔修諸行에

청정대원심여해
清淨大願深如海하사

일체불법개영만
一切佛法皆令滿케하시니

승덕능지차방편
勝德能知此方便이로다

여래법신부사의
如來法身不思議여

여영분형등법계
如影分形等法界하사

처처천명일체법
處處闡明一切法하시니

적정광천해탈문
寂靜光天解脫門이로다

중생업혹소전부
衆生業惑所纏覆로

교만방일심치탕
憍慢放逸心馳蕩이어늘

여래위설적정법
如來爲說寂靜法하시니

선목조지심희경
善目照知心喜慶이로다

여래께서 지난 옛적 모든 행을 닦으심에
청정한 큰 서원이 바다같이 깊으셔서
일체 부처님의 법을 다 원만하게 하시니
최승공덕당 천왕이 이 방편을 능히 알았도다.

여래의 법신이 부사의함이여
그림자처럼 형상을 나누어 법계와 같으셔서
곳곳에 일체 법을 열어 밝히시니
적정광 천왕의 해탈문이로다.

중생들은 업과 미혹에 얽히고 덮인 바로
교만하고 방일하여 마음이 방탕하거늘
여래께서 위하여 적정법을 설하시니
선목 천왕이 비추어 알고 마음에 기뻐하도다.

일체세간진도사
一切世間眞導師여

위구위귀이출현
爲救爲歸而出現하사

보시중생안락처
普示衆生安樂處하시니

봉월어차능심입
峰月於此能深入이로다

제불경계부사의
諸佛境界不思議여

일체법계개주변
一切法界皆周徧하사

입어제법도피안
入於諸法到彼岸하시니

용혜견차생환희
勇慧見此生歡喜로다

약유중생감수화
若有衆生堪受化하야

문불공덕취보리
聞佛功德趣菩提하면

영주복해상청정
令住福海常淸淨케하시니

묘광어차능관찰
妙光於此能觀察이로다

일체 세간의 참 도사시여

구원하고 귀의케 하려고 출현하셔서

중생들에게 안락한 곳을 널리 보이시니

보봉월 천왕이 이에 깊이 들어갔도다.

모든 부처님의 경계가 부사의함이여

일체 법계에 다 두루하시어

모든 법에 들어가서 피안에 이르시니

용건력[勇慧] 천왕이 이것을 보고 환희하도다.

만약 어떤 중생이 교화를 받을 만하여

부처님의 공덕을 듣고 보리에 나아가면

복바다에 머물러 항상 청정하게 하시니

금강묘광 천왕이 이를 능히 관찰하였도다.

시방찰해미진수
十方刹海微塵數인

일체불소개왕집
一切佛所皆往集하야

공경공양청문법
恭敬供養聽聞法이여

차장엄당지소견
此莊嚴幢之所見이로다

중생심해부사의
眾生心海不思議여

무주무동무의처
無住無動無依處어늘

불어일념개명견
佛於一念皆明見하시니

묘장엄천사선료
妙莊嚴天斯善了로다

부차시분천왕 득발기일체중생선근   영
復次時分天王은 **得發起一切眾生善根**하야 **令**

영리우뇌해탈문 묘광천왕 득보입일체
永離憂惱解脫門하고 **妙光天王**은 **得普入一切**

시방 세계바다의 티끌 수 같은

일체 부처님 처소에 다 가서 모여

공경하고 공양하며 법문을 들음이여

이것은 성수당 천왕이 본 바로다.

중생들의 마음바다가 부사의함이여

머무름도 없고 움직임도 없고 의지할 곳도 없거늘

부처님께서 한 생각에 다 밝게 보시니

묘장엄 천왕이 이것을 잘 요달하였도다.

또 시분 천왕은 일체 중생의 선근을 일으켜

서 근심과 고뇌를 길이 여의게 하는 해탈문을

얻었고, 묘광 천왕은 널리 일체 경계에 들어가

경계해탈문　무진혜공덕당천왕　득멸제
境界解脫門하고 無盡慧功德幢天王은 得滅除

일체환대비륜해탈문　선화단엄천왕　득
一切患大悲輪解脫門하고 善化端嚴天王은 得

요지삼세일체중생심해탈문　총지대광명
了知三世一切衆生心解脫門하고 摠持大光明

천왕　득다라니문광명　억지일체법무망
天王은 得陀羅尼門光明으로 憶持一切法無忘

실해탈문　부사의혜천왕　득선입일체업
失解脫門하고 不思議慧天王은 得善入一切業

자성　부사의방편해탈문　윤제천왕　득
自性하는 不思議方便解脫門하고 輪臍天王은 得

전법륜　성숙중생방편해탈문　광염천
轉法輪하야 成熟衆生方便解脫門하고 光燄天

왕　득광대안　보관중생　이왕조복해
王은 得廣大眼으로 普觀衆生하야 而往調伏解

는 해탈문을 얻었고, 무진혜공덕당 천왕은 일체 근심을 멸하여 없애는 대비륜의 해탈문을 얻었다.

선화단엄 천왕은 삼세 일체 중생의 마음을 요달해 아는 해탈문을 얻었고, 총지대광명 천왕은 다라니문의 광명으로 일체 법을 기억해 지녀서 잊어버리지 않는 해탈문을 얻었고, 부사의혜 천왕은 일체 업의 자성에 잘 들어가는 부사의한 방편의 해탈문을 얻었고, 윤제 천왕은 법륜을 굴려서 중생들을 성숙시키는 방편의 해탈문을 얻었다.

광염 천왕은 광대한 눈으로 널리 중생들을

탈문　　광조천왕　　득초출일체업장　　불
脫門하고 光照天王은 得超出一切業障하야 不

수마소작해탈문　　보관찰대명칭천왕　　득
隨魔所作解脫門하고 普觀察大名稱天王은 得

선유회일체제천중　　영수행심청정해탈
善誘誨一切諸天衆하야 令受行心淸淨解脫

문
門하니라

이시　　시분천왕　　승불위력　　보관일체시
爾時에 時分天王이 承佛威力하야 普觀一切時

분천중　　이설송언
分天衆하고 而說頌言하니라

관찰하여 가서 조복하는 해탈문을 얻었고, 광조 천왕은 일체 업장에서 벗어나 마군이 하는 것을 따르지 않는 해탈문을 얻었고, 보관찰대명칭 천왕은 일체 모든 하늘 대중들을 잘 가르쳐서 하여금 받아 행하여 마음이 청정하게 하는 해탈문을 얻었다.

그 때에 시분 천왕이 부처님의 위신력을 받들어 일체 시분천의 대중들을 널리 살펴보고 게송을 설하여 말씀하였다.

불어무량구원겁
佛於無量久遠劫에

이갈세간우뇌해
已竭世間憂惱海하시고

광벽이진청정도
廣闢離塵清淨道하사

영요중생지혜등
永耀衆生智慧燈이로다

여래법신심광대
如來法身甚廣大하사

시방변제불가득
十方邊際不可得이라

일체방편무한량
一切方便無限量하시니

묘광명천지능입
妙光明天智能入이로다

생로병사우비고
生老病死憂悲苦가

핍박세간무잠헐
逼迫世間無暫歇이어늘

대사애민서실제
大師哀愍誓悉除하시니

무진혜광능각료
無盡慧光能覺了로다

부처님께서 한량없는 오랜 겁 동안
이미 세간의 근심과 고뇌바다를 말려 없애시고
번뇌를 여읜 청정한 길을 널리 여시어
중생들에게 지혜의 등불을 길이 비추시도다.

여래의 법신은 매우 광대하시어
시방에서 그 끝을 얻을 수 없음이라
일체 방편이 한량이 없으시니
묘광 천왕이 지혜로 능히 들어갔도다.

생로병사와 근심과 슬픔의 고통이
세간을 핍박하여 잠시도 쉼이 없거늘
대사께서 애민히 여겨 맹세코 다 없애주시니
무진혜공덕당 천왕이 능히 깨달았도다.

불여환지무소애
佛如幻智無所礙_여

어삼세법실명달
於三世法悉明達_{하사}

보입중생심행중
普入衆生心行中_{하시니}

차선화천지경계
此善化天之境界_{로다}

총지변제불가득
揔持邊際不可得_{이며}

변재대해역무진
辯才大海亦無盡_{하사}

능전청정묘법륜
能轉淸淨妙法輪_{하시니}

차시대광지해탈
此是大光之解脫_{이로다}

업성광대무궁진
業性廣大無窮盡_을

지혜각료선개시
智慧覺了善開示_{하시니}

일체방편부사의
一切方便不思議_여

여시혜천지소입
如是慧天之所入_{이로다}

부처님의 환과 같은 지혜가 걸리는 바 없음이여

삼세의 법에 다 밝게 통달하시어

널리 중생들의 심행 가운데 들어가시니

이것은 선화단엄 천왕의 경계로다.

총지의 끝을 얻을 수 없으며

변재의 큰 바다도 다함이 없으셔서

청정하고 미묘한 법륜을 능히 굴리시니

이것은 총지대광명 천왕의 해탈이로다.

업의 성품이 광대하여 끝까지 다함이 없음을

지혜로 깨달아 잘 열어 보이시니

일체 방편이 부사의함이여

이러함은 부사의혜 천왕이 들어간 바로다.

전부사의묘법륜
轉不思議妙法輪하사

현시수습보리도
顯示修習菩提道하야

영멸일체중생고
永滅一切衆生苦하시니

차시윤제방편지
此是輪臍方便地로다

여래진신본무이
如來眞身本無二로대

응물수형만세간
應物隨形滿世間하사

중생각견재기전
衆生各見在其前하시니

차시염천지경계
此是燄天之境界로다

약유중생일견불
若有衆生一見佛이면

필사정제제업장
必使淨除諸業障하고

이제마업영무여
離諸魔業永無餘케하시니

광조천왕소행도
光照天王所行道로다

부사의하고 미묘한 법륜을 굴리시어
닦아 익힌 보리도를 나타내 보이셔서
일체 중생의 고통을 길이 멸하시니
이것은 윤제 천왕의 방편이로다.

여래의 진신은 본래 둘이 없으나
중생에게 응하여 형상을 따라서 세간에 충만하시어
중생들이 각기 그 앞에 계심을 보니
이것은 광염 천왕의 경계로다.

만약 어떤 중생이 한 번 부처님을 보면
반드시 모든 업장을 깨끗이 없애고
모든 마군의 업을 여의어 길이 남음이 없게 하시니
광조 천왕이 행한 바 도로다.

일체중회광대해　　　　불재기중최위요
一切衆會廣大海에　　佛在其中最威耀하시며

보우법우윤중생　　　　차해탈문명칭입
普雨法雨潤衆生하시니　此解脫門名稱入이로다

부차석가인다라천왕　　득억념삼세불출흥
復次釋迦因陀羅天王은　得憶念三世佛出興과

내지찰성괴　　개명견대환희해탈문　　　　보
乃至刹成壞하야　皆明見大歡喜解脫門하고　普

칭만음천왕　　득능영불색신　　　　최청정광
稱滿音天王은　得能令佛色身으로　最清淨廣

대　　세무능비해탈문　　자목보계천왕　　득
大하야　世無能比解脫門하고　慈目寶髻天王은　得

자운보부해탈문　　보광당명칭천왕　　득항
慈雲普覆解脫門하고　寶光幢名稱天王은　得恒

일체 대중모임의 광대한 바다에서
부처님께서 그 가운데 가장 위엄 있고 빛나시며
법비를 널리 내려 중생들을 윤택하게 하시니
이 해탈문은 보관찰대명칭 천왕이 들어갔도다.

또 석가인다라 천왕은 삼세 부처님께서 출현
하심과 내지 세계가 이루어지고 무너짐을 기억
해서 다 밝게 보아 크게 환희하는 해탈문을 얻
었고, 보칭만음 천왕은 부처님의 색신이 가장
청정하고 광대하여 세상에서 능히 비교할 수
없게 하는 해탈문을 얻었고, 자목보계 천왕은
자애의 구름이 널리 덮는 해탈문을 얻었다.
보광당명칭 천왕은 부처님께서 일체 세주 앞

견불　　어일체세주전　　현종종형상위덕신
見佛이 於一切世主前에 現種種形相威德身

해탈문　　발생희락계천왕　　득지일체중생
解脫門하고 發生喜樂髻天王은 得知一切衆生의

성읍궁전　　종하복업생해탈문　　단정념천
城邑宮殿이 從何福業生解脫門하고 端正念天

왕　　득개시제불　　성숙중생사해탈문　　고
王은 得開示諸佛의 成熟衆生事解脫門하고 高

승음천왕　　득지일체세간　　성괴겁전변상
勝音天王은 得知一切世間의 成壞劫轉變相

해탈문　　성취념천왕　　득억념당래보살
解脫門하고 成就念天王은 得憶念當來菩薩의

조복중생행해탈문　　정화광천왕　　득요지
調伏衆生行解脫門하고 淨華光天王은 得了知

일체제천　　쾌락인해탈문　　지일안천왕
一切諸天의 快樂因解脫門하고 智日眼天王은

에 갖가지 형상으로 위덕의 몸을 나타내시는 것을 항상 보는 해탈문을 얻었고, 발생희락계 천왕은 일체 중생의 성읍과 궁전이 무슨 복업으로부터 생겼는지를 아는 해탈문을 얻었고, 단정념 천왕은 모든 부처님께서 중생들을 성숙시키시는 일을 열어 보이는 해탈문을 얻었고, 고승음 천왕은 일체 세간이 이루어지고 무너지는 겁의 전변하는 모습을 아는 해탈문을 얻었다.

성취념 천왕은 당래의 보살이 중생들을 조복하는 행을 기억하는 해탈문을 얻었고, 정화광 천왕은 일체 모든 하늘의 쾌락의 원인을 요달해 아는 해탈문을 얻었고, 지일안 천왕은

득개시일체제천자　　수생선근　　비무치혹
得開示一切諸天子의 受生善根하야 俾無癡惑

해탈문　　자재광명천왕　　득개오일체제천
解脫門하고 自在光明天王은 得開悟一切諸天

중　　영영단종종의해탈문
衆하야 令永斷種種疑解脫門하니라

이시　　석가인다라천왕　　승불위력　　보관
爾時에 釋迦因陀羅天王이 承佛威力하야 普觀

일체삼십삼천중　　이설송언
一切三十三天衆하고 而說頌言하니라

일체 모든 천자들이 받아 태어나는 선근을 열어 보여서 어리석은 미혹이 없게 하는 해탈문을 얻었고, 자재광명 천왕은 일체 모든 하늘 대중들을 깨우쳐서 갖가지 의심을 길이 끊게 하는 해탈문을 얻었다.

그 때에 석가인다라 천왕이 부처님의 위신력을 받들어 일체 삼십삼천의 대중들을 널리 살펴보고 게송을 설하여 말씀하였다.

아념삼세일체불
我念三世一切佛의

소유경계실평등
所有境界悉平等하시니

여기국토괴여성
如其國土壞與成을

이불위신개득견
以佛威神皆得見이로다

불신광대변시방
佛身廣大徧十方하사

묘색무비이군생
妙色無比利群生하시며

광명조요미불급
光明照耀靡不及하시니

차도보칭능관견
此道普稱能觀見이로다

여래방편대자해
如來方便大慈海여

왕겁수행극청정
往劫修行極淸淨하사

화도중생무유변
化導衆生無有邊하시니

보계천왕사오료
寶髻天王斯悟了로다

내가 생각하니 삼세 일체 부처님의
있는 바 경계가 다 평등하시니
그와 같이 국토가 무너지고 이루어짐을
부처님의 위신력으로 다 보도다.

부처님 몸이 광대하여 시방에 두루하시어
미묘한 색은 비할 데 없어 중생들을 이롭게 하시며
광명은 빛나서 미치지 않음이 없으시니
이 도는 보칭만음 천왕이 능히 관해 보았도다.

여래의 방편과 큰 자애바다여
지난 겁의 수행으로 지극히 청정하셔서
중생들을 교화하여 인도하심이 끝이 없으니
자목보계 천왕이 이것을 깨달았도다.

아 념 법 왕 공 덕 해
我念法王功德海가

세 중 최 상 무 여 등
世中最上無與等하야

발 생 광 대 환 희 심
發生廣大歡喜心하시니

차 보 광 천 지 해 탈
此寶光天之解脫이로다

불 지 중 생 선 업 해
佛知衆生善業海에

종 종 승 인 생 대 복
種種勝因生大福하사

개 영 현 현 무 유 여
皆令顯現無有餘하시니

차 희 계 천 지 소 견
此喜髻天之所見이로다

제 불 출 현 어 시 방
諸佛出現於十方하사

보 변 일 체 세 간 중
普徧一切世間中하사

관 중 생 심 시 조 복
觀衆生心示調伏하시니

정 념 천 왕 오 사 도
正念天王悟斯道로다

내가 생각하니 법왕의 공덕바다가
세상에서 가장 높아 더불어 같음이 없으셔서
광대한 환희심을 내게 하시니
이것은 보광당명칭 천왕의 해탈이로다.

부처님께서 중생들의 선업바다에서
갖가지 수승한 인으로 큰 복 냄을 아시고
다 나타내어 남음이 없게 하시니
이것은 발생희락계 천왕이 본 바로다.

모든 부처님께서 시방에 출현하시어
일체 세간 가운데 널리 두루하셔서
중생들의 마음을 관찰하여 조복함을 보이시니
단정념 천왕이 이 도를 깨달았도다.

여래지신광대안
如來智身廣大眼이여

세계미진무불견
世界微塵無不見이라

여시보변어시방
如是普徧於十方하시니

차운음천지해탈
此雲音天之解脫이로다

일체불자보리행
一切佛子菩提行을

여래실현모공중
如來悉現毛孔中하사대

여기무량개구족
如其無量皆具足하시니

차염천왕소명견
此念天王所明見이로다

세간소유안락사
世閒所有安樂事여

일체개유불출생
一切皆由佛出生이라

여래공덕승무등
如來功德勝無等하시니

차해탈처화왕입
此解脫處華王入이로다

여래의 지혜 몸과 광대한 눈이시여

티끌 수 세계를 보시지 못함이 없음이라

이와 같이 시방에 널리 두루하시니

이것은 고승음[雲音] 천왕의 해탈이로다.

일체 불자의 보리행을

여래께서 모공 가운데 다 나타내시되

그와 같이 한량없이 다 구족하시니

이것은 성취념 천왕이 밝게 본 바로다.

세간에 있는 안락한 일이여

일체가 다 부처님으로부터 출생함이라

여래의 공덕이 수승하여 같음이 없으시니

이 해탈처는 정화광 천왕이 들어갔도다.

약념여래소공덕　　　　　내지일념심전앙
若念如來少功德하야　　乃至一念心專仰하면

제악도포실영제　　　　　지안어차능심오
諸惡道怖悉永除니　　　智眼於此能深悟로다

적멸법중대신통　　　　　보응군심미부주
寂滅法中大神通이여　　普應群心靡不周하사

소유의혹개영단　　　　　　차광명왕지소득
所有疑惑皆令斷케하시니　此光明王之所得이로다

부차일천자　　　득정광보조시방중생　　　진미
復次日天子는　得淨光普照十方衆生하야　盡未

래겁　　　상위이익해탈문　　　광염안천자
來劫토록　常爲利益解脫門하고　光燄眼天子는

만약 여래의 적은 공덕을 생각하여
잠깐만이라도 마음으로 오로지 우러르면
모든 악도의 두려움이 다 영원히 제거되니
지일안 천왕이 이에 깊이 깨달았도다.

적멸법 가운데 큰 신통이시여
중생심에 널리 응하여 두루하지 않음이 없으셔서
있는 바 의혹을 다 끊게 하시니
이것은 자재광명 천왕이 얻은 바로다.

또 일 천자는 청정한 광명으로 시방의 중생

들을 널리 비추어 미래 겁이 다하도록 항상 이

익케 하는 해탈문을 얻었고, 광염안 천자는

득이일체수류신　　개오중생　　영입지혜해
得以一切隨類身으로 開悟衆生하야 令入智慧海

해탈문　　수미광환희당천자　　득위일체중
解脫門하고 須彌光歡喜幢天子는 得爲一切衆

생주　　영근수무변정공덕해탈문　　정보
生主하야 令勤修無邊淨功德解脫門하고 淨寶

월천자　　득수일체고행　　심심환희해탈
月天子는 得修一切苦行호대 深心歡喜解脫

문　　용맹불퇴전천자　　득무애광보조
門하고 勇猛不退轉天子는 得無礙光普照하야

영일체중생　　익기정상해탈문　　묘화영
令一切衆生으로 益其精爽解脫門하고 妙華纓

광명천자　　득정광보조중생신　　영생환희
光明天子는 得淨光普照衆生身하야 令生歡喜

신해해해탈문　　최승당광명천자　　득광명
信解海解脫門하고 最勝幢光明天子는 得光明

일체 부류를 따르는 몸으로 중생들을 깨우쳐서 지혜바다에 들어가게 하는 해탈문을 얻었고, 수미광환희당 천자는 일체 중생의 주인이 되어 가없는 청정한 공덕을 부지런히 닦게 하는 해탈문을 얻었다.

정보월 천자는 일체 고행을 닦되 깊은 마음으로 환희하는 해탈문을 얻었고, 용맹불퇴전 천자는 걸림 없는 광명을 널리 비추어 일체 중생이 그 정기를 더하게 하는 해탈문을 얻었고, 묘화영광명 천자는 청정한 광명으로 중생들의 몸을 널리 비추어 환희로운 신심과 이해 바다를 내게 하는 해탈문을 얻었고, 최승당광

보조일체세간　　영성판종종묘공덕해탈
普照一切世間하야　令成辦種種妙功德解脫

문　　보계보광명천자　　득대비해　　현무변
門하고　寶髻普光明天子는　得大悲海로　現無邊

경계종종색상보해탈문　　광명안천자　　득
境界種種色相寶解脫門하고　光明眼天子는　得

정치일체중생안　　영견법계장해탈문
淨治一切衆生眼하야　令見法界藏解脫門하고

지덕천자　　득발생청정상속심　　영불실
持德天子는　得發生清淨相續心하야　令不失

괴해탈문　　보운행광명천자　　득보운일궁
壞解脫門하고　普運行光明天子는　得普運日宮

전　　조시방일체중생　　영성취소작업해
殿하야　照十方一切衆生하야　令成就所作業解

탈문
脫門하니라

명 천자는 광명으로 일체 세간을 널리 비추어 갖가지 미묘한 공덕을 갖추게 하는 해탈문을 얻었다.

보계보광명 천자는 큰 자비바다로 가없는 경계의 갖가지 색상의 보배를 나타내는 해탈문을 얻었고, 광명안 천자는 일체 중생의 눈을 깨끗하게 다스려서 법계장을 보게 하는 해탈문을 얻었고, 지덕 천자는 청정하게 상속하는 마음을 내어 잃어버리거나 무너지지 않게 하는 해탈문을 얻었고, 보운행광명 천자는 태양의 궁전을 널리 운전해서 시방의 일체 중생을 비추어 짓는 바 업을 성취하게 하는 해탈문을 얻었다.

이시　일천자　승불위력　　변관일체일천
爾時에 日天子가 承佛威力하야 徧觀一切日天

자중　　이설송언
子衆하고 而說頌言하니라

여래광대지혜광
如來廣大智慧光이

보조시방제국토
普照十方諸國土하시니

일체중생함견불
一切衆生咸見佛의

종종조복다방편
種種調伏多方便이로다

여래색상무유변
如來色相無有邊이라

수기소락실현신
隨其所樂悉現身하사

보위세간개지해
普爲世間開智海하시니

염안여시관어불
猒眼如是觀於佛이로다

그 때에 일 천자가 부처님의 위신력을 받들어 일체 일천자의 대중들을 두루 살펴보고 게송을 설하여 말씀하였다.

여래의 광대한 지혜광명이
시방의 모든 국토를 널리 비추시니
일체 중생이 모두 부처님의
갖가지 조복하시는 많은 방편을 보도다.

여래의 색상은 끝이 없음이라
그 즐기는 바를 따라서 다 몸을 나타내시어
널리 세간을 위하여 지혜바다를 펼치시니
광염안 천자가 이와 같이 부처님을 보았도다.

대방광불화엄경 제2권

1 세주묘엄품 [2]

64

불신무등무유비
佛身無等無有比라

광명조요변시방
光明照耀徧十方하사

초과일체최무상
超過一切最無上하시니

여시법문환희득
如是法門歡喜得이로다

위리세간수고행
爲利世閒修苦行하사

왕래제유무량겁
往來諸有無量劫이로대

광명변정여허공
光明徧淨如虛空하시니

보월능지차방편
寶月能知此方便이로다

불연묘음무장애
佛演妙音無障礙여

보변시방제국토
普徧十方諸國土하사

이법자미익군생
以法滋味益群生하시니

용맹능지차방편
勇猛能知此方便이로다

부처님 몸은 같을 이도 없고 비할 데도 없음이라

광명이 비추어 시방에 두루하셔서

일체를 뛰어넘어 가장 높으시니

이러한 법문은 수미광환희당 천자가 얻었도다.

세간을 이롭게 하려고 고행을 닦으시어

모든 존재에 왕래하신 것이 한량없는 겁이로되

광명이 두루 청정하여 허공과 같으시니

정보월 천자가 능히 이 방편을 알았도다.

부처님께서 묘음을 펴시되 장애가 없음이여

널리 시방의 모든 국토에 두루하시어

법의 자미로써 중생들을 이익케 하시니

용맹불퇴전 천자가 능히 이 방편을 알았도다.

방광명망부사의
放光明網不思議여

보정일체제함식
普淨一切諸含識하사

실사발생심신해
悉使發生深信解케하시니

차화영천소입문
此華纓天所入門이로다

세간소유제광명
世間所有諸光明이

불급불일모공광
不及佛一毛孔光이라

불광여시부사의
佛光如是不思議여

차승당광지해탈
此勝幢光之解脫이로다

일체제불법여시
一切諸佛法如是여

실좌보리수왕하
悉坐菩提樹王下하사

영비도자주어도
令非道者住於道케하시니

보계광명여시견
寶髻光明如是見이로다

광명그물을 놓으심이 부사의함이여
널리 일체 모든 함식들을 깨끗하게 하시어
다 깊은 신심과 이해를 내게 하시니
이것은 묘화영광명 천자가 들어간 문이로다.

세간에 있는 모든 광명이
부처님 한 모공 광명에도 미치지 못함이라
부처님의 광명이 이같이 부사의함이여
이것은 최승당광명 천자의 해탈이로다.

일체 모든 부처님의 법이 이와 같음이여
다 보리수왕 아래에 앉으셔서
도에 이르지 못한 이를 도에 머무르게 하시니
보계보광명 천자가 이와 같이 보았도다.

중생맹암우치고
衆生盲闇愚癡苦여

불욕령기생정안
佛欲令其生淨眼이라

시고위연지혜등
是故爲然智慧燈하시니

선목어차심관찰
善目於此深觀察이로다

해탈방편자재존
解脫方便自在尊을

약유증견일공양
若有曾見一供養이라도

실사수행지어과
悉使修行至於果케하시니

차시덕천방편력
此是德天方便力이로다

일법문중무량문
一法門中無量門을

무량천겁여시설
無量千劫如是說하시니

소연법문광대의
所演法門廣大義여

보운광천지소료
普運光天之所了로다

중생들이 눈멀고 어리석어 고통을 받으므로
부처님께서 그들에게 깨끗한 눈이 생기게 하심이라
그러므로 지혜의 등불을 밝히시니
광명안[善目] 천자가 이에 깊이 관찰하였도다.

해탈과 방편이 자재하신 존귀한 분을
만약 일찍이 친견하고 한 번만 공양 올려도
모두 수행이 불과에 이르게 하시니
이것은 지덕 천자의 방편력이로다.

한 법문 가운데 한량없는 문을
한량없는 천 겁 동안 이와 같이 설하시니
연설하신 법문의 광대한 뜻이여
보운행광명 천자가 깨달은 바로다.

부차월천자　　득정광보조법계　　섭화중생
復次月天子는 得淨光普照法界하야 攝化衆生

해탈문　　화왕계광명천자　　득관찰일체중
解脫門하고 華王髻光明天子는 得觀察一切衆

생계　　영보입무변법해탈문　　중묘정광
生界하야 令普入無邊法解脫門하고 衆妙淨光

천자　　득요지일체중생심해　　종종반연전해
天子는 得了知一切衆生心海의 種種攀緣轉解

탈문　　안락세간심천자　　득여일체중생불
脫門하고 安樂世間心天子는 得與一切衆生不

가사의락　　영용약대환희해탈문　　수왕
可思議樂하야 令踊躍大歡喜解脫門하고 樹王

안광명천자　　득여전가　　작업　　종아경등
眼光明天子는 得如田家가 作業에 種芽莖等을

수시수호　　영성취해탈문　　출현정광천
隨時守護하야 令成就解脫門하고 出現淨光天

또 월 천자는 청정한 광명으로 법계를 널리 비추어 중생들을 거두어 교화하는 해탈문을 얻었고, 화왕계광명 천자는 일체 중생계를 관찰하여 가없는 법에 널리 들어가게 하는 해탈문을 얻었고, 중묘정광 천자는 일체 중생의 마음바다가 갖가지 반연으로 전변함을 요달해 아는 해탈문을 얻었다.

안락세간심 천자는 일체 중생에게 불가사의한 즐거움을 주어서 뛸 듯이 크게 환희하게 하는 해탈문을 얻었고, 수왕안광명 천자는 농부가 농사를 지음에 종자와 싹과 줄기 등을 때를 따라 지키고 보호하여 성취케 하는 해탈

자　　　득자비구호일체중생　　　영현견수고수
子는 得慈悲救護一切衆生하야 令現見受苦受

락사해탈문　　　보유부동광천자　　　득능지청
樂事解脫門하고 普遊不動光天子는 得能持淸

정월　　　보현시방해탈문　　　성수왕자재천
淨月하야 普現十方解脫門하고 星宿王自在天

자　　　득개시일체법　　　여환여허공　　　무상무
子는 得開示一切法의 如幻如虛空하야 無相無

자성해탈문　　　정각월천자　　　득보위일체중
自性解脫門하고 淨覺月天子는 得普爲一切衆

생　　　기대업용해탈문　　　대위덕광명천자
生하야 起大業用解脫門하고 大威德光明天子는

득보단일체의혹해탈문
得普斷一切疑惑解脫門하니라

문을 얻었고, 출현정광 천자는 자비로 일체 중생을 구호하여 고통 받고 즐거움 받는 일을 환히 보게 하는 해탈문을 얻었다.

보유부동광 천자는 능히 청정한 달을 지녀서 시방에 널리 나타내는 해탈문을 얻었고, 성수왕자재 천자는 일체 법이 환과 같고 허공과 같아서 형상도 없고 자성도 없음을 열어 보이는 해탈문을 얻었고, 정각월 천자는 널리 일체 중생을 위하여 큰 업의 작용을 일으키는 해탈문을 얻었고, 대위덕광명 천자는 일체 의혹을 널리 끊는 해탈문을 얻었다.

이시　월천자　승불신력　　보관일체월궁
爾時에 月天子가 承佛神力하야 普觀一切月宮

전중제천중회　　이설송왈
殿中諸天衆會하고 而說頌曰

불방광명변세간　　　　조요시방제국토
佛放光明徧世間하사　照耀十方諸國土하시며

연부사의광대법　　　　영파중생치혹암
演不思議廣大法하사　永破衆生癡惑暗이로다

경계무변무유진　　　　어무량겁상개도
境界無邊無有盡일새　於無量劫常開導하사대

종종자재화군생　　　　화계여시관어불
種種自在化群生하시니　華髻如是觀於佛이로다

그 때에 월 천자가 부처님의 위신력을 받들어 일체 월궁전 가운데 모든 하늘 대중모임을 널리 살펴보고 게송을 설하여 말씀하였다.

부처님께서 광명을 놓아 세간에 두루하시어
시방의 모든 국토를 밝게 비추시며
부사의하고 광대한 법을 연설하셔서
중생들의 어리석음과 미혹을 영원히 깨뜨리시도다.

경계가 가없고 다함도 없어서
한량없는 겁 동안 항상 열어 인도하시되
갖가지로 자재하게 중생들을 교화하시니
화왕계광명 천자가 이와 같이 부처님을 보도다.

중생심해염념수
衆生心海念念殊를

불지관광실요지
佛智寬廣悉了知하사

보위설법영환희
普爲說法令歡喜케하시니

차묘광명지해탈
此妙光明之解脫이로다

중생무유성안락
衆生無有聖安樂하야

침미악도수제고
沈迷惡道受諸苦어늘

여래시피법성문
如來示彼法性門하시니

안락사유여시견
安樂思惟如是見이로다

여래희유대자비
如來希有大慈悲여

위리중생입제유
爲利衆生入諸有하사

설법권선영성취
說法勸善令成就케하시니

차목광천소요지
此目光天所了知로다

중생들의 마음바다가 생각생각 다름을
부처님의 지혜는 넓고 넓어 다 요달해 아셔서
널리 법을 설하여 환희하게 하시니
이것은 중묘정광[妙光明] 천자의 해탈이로다.

중생들은 성스러운 안락이 없어서
악도에 빠져 모든 고통을 받거늘
여래께서 그들에게 법성의 문을 보이시니
안락세간심 천자가 사유하여 이렇게 보았도다.

여래의 희유하신 대자비시여
중생들을 이롭게 하려고 모든 존재에 들어가셔서
법을 설하고 선행을 권하여 성취하게 하시니
이것은 수왕안광명[目光] 천자가 요달해 알았도다.

세존개천법광명
世尊開闡法光明하사

분별세간제업성
分別世間諸業性인

선악소행무실괴
善惡所行無失壞하시니

정광견차생환희
淨光見此生歡喜로다

불위일체복소의
佛爲一切福所依가

비여대지지궁실
譬如大地持宮室하야

교시이우안은도
巧示離憂安隱道하시니

부동능지차방편
不動能知此方便이로다

지화대명주법계
智火大明周法界하며

현형무수등중생
現形無數等衆生하사

보위일체개진실
普爲一切開眞實하시니

성수왕천오사도
星宿王天悟斯道로다

세존께서 법의 광명을 여시어
세간의 모든 업의 성품인
선악의 행한 바가 없어지지 않음을 분별해 주시니
출현정광 천자가 이것을 보고 환희심을 내도다.

부처님께서 일체 복의 의지할 바가 되심이
마치 대지가 궁전을 유지함과 같아서
근심을 여읜 안온한 길을 잘 보여주시니
보유부동광 천자가 능히 이 방편을 알았도다.

지혜의 불이 크게 밝아 법계에 두루하며
형상을 나타내심이 무수하여 중생들과 같아서
널리 일체를 위하여 진실을 열어 보이시니
성수왕자재 천자가 이 도를 깨달았도다.

불 여 허 공 무 자 성
佛如虛空無自性이로대

위 리 중 생 현 세 간
爲利衆生現世間하시니

상 호 장 엄 여 영 상
相好莊嚴如影像이라

정 각 천 왕 여 시 견
淨覺天王如是見이로다

불 신 모 공 보 연 음
佛身毛孔普演音이여

법 운 부 세 실 무 여
法雲覆世悉無餘라

청 문 막 불 생 환 희
聽聞莫不生歡喜하니

여 시 해 탈 광 천 오
如是解脫光天悟로다

〈大方廣佛華嚴經 卷第二〉

부처님은 허공과 같아서 자성이 없으나
중생들을 이롭게 하려고 세간에 나타나시니
상호와 장엄이 영상과 같음이라
정각월 천자가 이와 같이 보았도다.

부처님 몸의 모공에서 널리 소리를 내심이여
법구름이 세상을 덮어 다 남음이 없음이라
듣는 이들이 환희를 내지 않음이 없으니
이러한 해탈은 대위덕광명 천자가 깨달았도다.

〈대방광불화엄경 제2권〉

大方廣佛華嚴經 ─ 부록

•

대방광불화엄경 목차

•

간행사

대방광불화엄경
목차

간 행 사

　귀의삼보 하옵고,

『대방광불화엄경』의 수지 독송과 유통을 발원하면서 수미정사 불전연구원에서『독송본 한문·한글역 대방광불화엄경』과『사경본 한글역 대방광불화엄경』을 편찬하여 간행하게 되었습니다.

『화엄경』은 우리나라에 전래된 이래 일찍부터 사경되고 주석·강설되어 왔으며 근현대에 이르러서는『화엄경』의 한글 번역과 연구도 부쩍 많이 이루어졌습니다. 그만큼『화엄경』이 우리 불자님들의 신행과 해탈에 큰 의지처가 되었던 것임을 알 수 있습니다.

『화엄경』을 독송하고 사경하는 공덕은 설법 공덕과 함께 크게 강조되어 왔습니다. 그리하여 수미정사 불전연구원에서도『화엄경』(80권)을 독송하고 사경하는 데 도움이 되도록 한문 원문과 한글역을 함께 수록한 독송본과 한글역의 사경본『화엄경』간행불사를 발원하였습니다. 이『화엄경』간행불사에 뜻을 같이하여 적극 후원해주신 스님들과 재가 불자님들께 깊이 감사드립니다. 또한『화엄경』을 수지 독송할 수 있도록 경책의 모습으로 장엄해 주신 편집위원들과 담앤북스 출판사 관계자들께도 고마움을 표합니다.

　끝으로 이 불사의 원만 회향으로『화엄경』이 널리 유통되고, 온 법계에 부처님의 가피가 충만하시길 기원드립니다.

　나무 대방광불화엄경

불기 2564년 '부처님오신날'을 봉축하며
수미해주 합장

위태천신(동진보살)

수미해주 須彌海住

동국대학교 명예교수
중앙승가대학교 법인이사
대한불교조계종 수미정사 주지

독송본 한문·한글역
대방광불화엄경 제2권

| **초판 1쇄 발행**_ 2020년 8월 24일

| **엮은이**_ 수미해주
| **엮은곳**_ 수미정사 불전연구원
| **편집위원**_ 해주 수정 경진 선초 정천 석도 박보람 최원섭
| **편집보**_ 동건 무이 무진 김지예

| **펴낸이**_ 오세룡
| **펴낸곳**_ 담앤북스
　　　　서울특별시 종로구 새문안로3길 23 경희궁의 아침 4단지 805호
　　　　대표전화 02)765-1251　전송 02)764-1251　전자우편 damnbooks@hanmail.net
　　　　출판등록 제300-2011-115호
| **ISBN**_ 979-11-6201-239-0　04220

정가 15,000원
ⓒ 수미해주 2020